La Casa Blanca

Tristan Boyer Binns

Traducción de Julio Fonseca

Heinemann Library
Chicago, Illinois

© 2003 Heinemann Library
a division of Reed Elsevier Inc.
Chicago, Illinois

Customer Service 888-454-2279
Visit our website at www.heinemannlibrary.com

Designed by Lisa Buckley
Printed and bound in the United States by Lake Book Manufacturing, Inc.

07 06 05 04 03
10 9 8 7 6 5 4 3 2 1

Library of Congress Cataloging-in-Publication Data
Binns, Tristan Boyer, 1968-
    [White House. Spanish]
    La Casa Blanca / Tristan Boyer Binns ; traducción de Julio Fonseca.
        p. cm. — (Símbolos de libertad)
    Summary: Discusses the history and construction of the home of the United States president and describes its public and private rooms, resident pets, and number of fireplaces.
    Includes bibliographical references and index.
    ISBN 1-4034-2998-7 (HC)—ISBN 1-4034-3021-7 (Pbk.)
    1. White House (Washington, D.C.)—Juvenile literature. 2. Presidents—United States—Juvenile literature. 3. Washington (D.C.)—Buildings, structures, etc.—Juvenile literature. [1. White House (Washington, D.C.) 2. Presidents. 3. Spanish language materials.] I. Title. II. Series.
F204. W5B5618 2003
975.3—dc21
                                                2002032945

Acknowledgments
The author and publishers are grateful to the following for permission to reproduce copyright material: p. 4 Charles O'Rear/Corbis, p. 6 David Burnett/Contact Press Images/PictureQuest, p. 7, 11 Richard T. Norwitz/Corbis, p. 8 Robert Schaffer/Tony Stone Images, p. 9, 15, 20, 22, 24, 25, 26, 27, 29 Bettmann/Corbis, p. 10 Dennis Brack/Black Star Publishing/PictureQuest, p. 12 National Geographic Society, p. 13, 16 Wally McNamee, p. 14, 17, 23 The White House Historical Society, p. 18 The White House, p. 19, 28 Library of Congress, p. 21 Wood River Gallery/PictureQuest.
Cover photograph by Henryk Kaiser/eStock Photography/PictureQuest.

Unas palabras están en negrita, **así.**
Encontrarás el significado de esas palabras
en el glosario.

Contenido

La casa más famosa

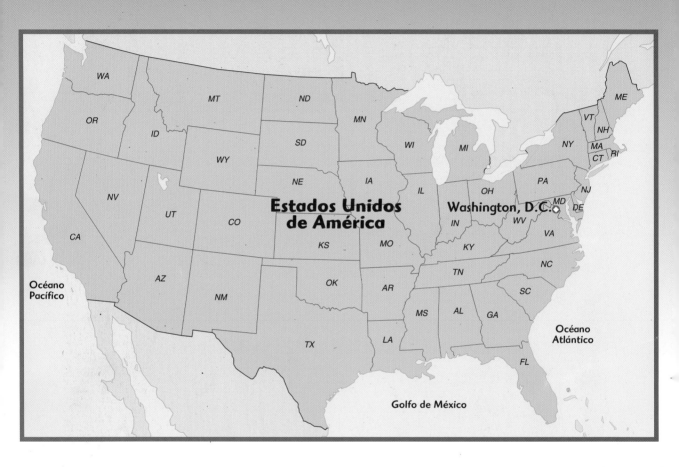

La Casa Blanca es la casa más conocida de nuestro país. Está en Washington, D.C., la **capital** de los Estados Unidos.

El presidente vive en la Casa Blanca con
su familia. El presidente también trabaja
en la Casa Blanca con su **gabinete.**

Una casa muy visitada

A la Casa Blanca van personas importantes
y líderes de otros países. El presidente les
da cenas de bienvenida. En la Casa Blanca
también se hacen **ceremonias.**

Con frecuencia vemos la Casa Blanca por televisión. Los reporteros dan noticias enfrente de ella. El presidente da discursos desde la Casa Blanca.

La casa de todos

El presidente vive y trabaja en la Casa Blanca.
Pero la Casa Blanca nos pertenece a todos.
Todos podemos ir de visita. La entrada
es gratis.

8

La Casa Blanca tiene una fiesta para niños.
La fiesta es un lunes de primavera. Todos los
años van niños a una carrera de huevos de
Pascua en el **césped** de la Casa Blanca.

9

La casa por fuera

La Casa Blanca es más grande que casi todas las casas. Tiene dos porches grandes, llamados pórticos. El pórtico norte se ve con frecuencia por televisión.

La Casa Blanca también tiene dos **alas**.
Tiene un Ala Este y un Ala Oeste. Las alas
son extensiones de la casa. Tienen oficinas
para el presidente y su **gabinete**.

La Casa Blanca por dentro

¡La Casa Blanca también es muy grande
por dentro! Tiene 132 habitaciones.
Unas habitaciones son públicas y todo
el mundo puede entrar.

Otras habitaciones son sólo para el presidente
y su **gabinete.** En el segundo piso viven el
presidente y su familia.

Salones de colores

Unas habitaciones tienen nombres de colores.
El Salón Rojo tiene paredes rojas y **muebles**
rojos. También hay un Salón Verde y un
Salón Azul.

El salón más grande de la Casa Blanca es el
Salón Este. Tiene cortinas elegantes y grandes
candelabros. Ahí se dan grandes fiestas.

La Oficina Ovalada es una habitación
privada. El presidente trabaja en ella.
Aquí da discursos por televisión.

A veces unos invitados especiales se quedan en las habitaciones privadas. Pueden dormir en el Dormitorio Lincoln. Tiene **muebles** del presidente Abraham Lincoln.

Animales en la Casa Blanca

Muchos presidentes y sus familias han tenido
animales en la Casa Blanca. El presidente Bill
Clinton tenía un perro llamado Buddy y un gato
llamado Socks. ¡Los dos recibían correo!

La familia del presidente Benjamin Harrison tenía muchos animales. Una cabra, llamada Old Whiskers, una vez echó a correr con los nietos del presidente en una carreta.

La casa para el presidente

El presidente George Washington no vivió en la Casa Blanca. Pero estuvo a cargo de construir la casa del presidente. Quería que fuera grande e importante.

La construcción de la Casa Blanca duró
ocho años. Es una casa de ladrillo y piedra
pintados de blanco.

Primeros residentes

John Adams fue el primer presidente que vivió en la Casa Blanca. Cuando llegó, la casa no estaba terminada. Solamente tenía seis habitaciones listas.

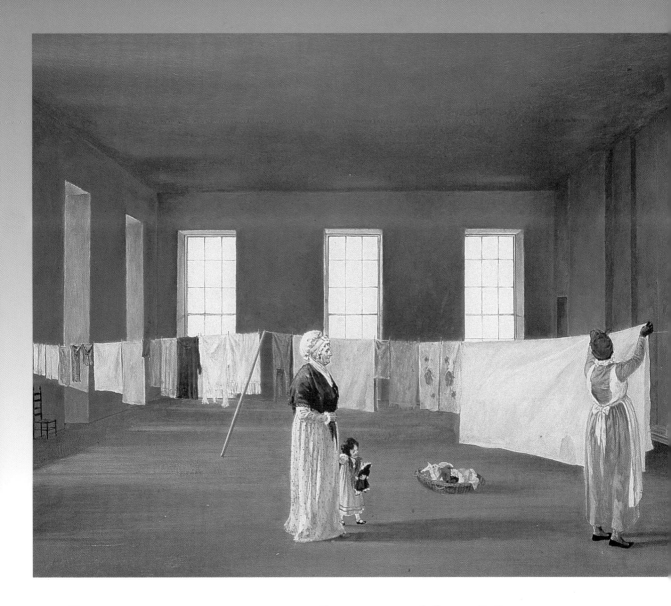

La casa no tenía muchos **muebles.** No tenía
baños ni clósets. El patio era un desastre.
¡En el Salón Este se colgaba la ropa a secar!

¡Fuego!

Poco después de construirse la Casa Blanca,
los Estados Unidos entró en una guerra.
Las tropas **británicas** le prendieron fuego.
El presidente y su esposa tuvieron que huir.

La Casa Blanca casi se quemó por completo.
De repente empezó a llover. La lluvia apagó
el incendio, pero la casa estaba destruida.
Reconstruirla tomó tres años.

Cambios de la Casa Blanca

La Casa Blanca lleva 200 años en pie. En ese tiempo ha tenido muchos cambios por dentro y por fuera. Pero sigue siendo un **símbolo** de nuestro fuerte país.

Hace unos sesenta años, la Casa Blanca estaba en malas condiciones. Todo el interior de la casa se cambió, ¡hasta las paredes y los pisos!

La Casa Blanca en tiempos de guerra

Hasta la **Guerra de Secesión,** la Casa Blanca era la casa más grande del país. Durante esa guerra vivieron soldados en el Salón Este.

Durante la **Primera Guerra Mundial,** no había nadie que cortara el pasto de la Casa Blanca. ¡Por eso pusieron ovejas a pastar en el **césped!**

Datos

La Casa Blanca

La Casa Blanca tiene

★ 32 baños
★ 147 ventanas
★ 412 puertas
★ 12 chimeneas
★ 3 ascensores
★ 1 piscina
★ 1 sala de cine
★ 1 biblioteca
★ 1 pista de bolos
★ 1 cancha de herraduras
★ 1 campo de práctica de golf

Hasta 1902, a la Casa Blanca se le decía la Mansión Ejecutiva, la Casa Presidencial o el Palacio Presidencial.

Glosario

ala parte que se añade a un edificio para que sea más grande

británico persona o cosa de Gran Bretaña

candelabro lampara grande que cuelga del techo

capital ciudad importante donde está el gobierno de un país o estado

ceremonia reunión para un suceso importante

césped prado grande fuera de una casa o edificio

gabinete equipo con el que trabaja el presidente

Guerra de Secesión guerra estadounidense que empezó en 1861 en que los estados del Norte lucharon con los estados del Sur

muebles mesas, sillas, sofás y otras cosas que se usan en una habitación

Primera Guerra Mundial guerra que se libró en Europa de 1914 a 1918

privado para unos pocos

símbolo cosa que representa una idea

31

Más libros para leer

Un lector bilingüe puede ayudarte a leer estos libros:

Karr, Kathleen. *White House Trivia*. New York: Hyperion Books for Children, 1999.

Sandak, Cass R. *The White House*. Austin, Tex.: Raintree Steck-Vaughn, 2000.

Wilson, Jon. *The White House: 1600 Pennsylvania Avenue*. Chanhassen, Minn.: The Child's World, Inc., 1998.

Índice